100招
自我保護的
安全知識繪本

作者／宮田美惠子

NPO法人日本兒童安全教育綜合研究所理事長

繪圖／伊藤倉鼠
翻譯／林劭貞

現在的你，
不論是身體或是心靈，
都在漸漸成長，
學會的事情也慢慢增加了，
好開心啊！

然而，如果不多加注意身邊的事物，
還是有可能發生受傷或意外事件喔！

你相當重要，
萬一受了嚴重的傷或是碰上意外事故，
關心你的人會非常悲傷。

為了讓你可以遠離危險，
本書準備了100個「安全QA」，
請和家人一起閱讀、思考吧！

閱讀指引

這是和安全相關的問題。

1 鞋帶鬆了，這樣出門可以嗎？

交通安全

這是章節的主題。

一定要綁緊鞋帶。
如果你踩到鬆開的鞋帶，可能會絆倒，
或者鞋帶被捲進自行車的車輪裡。
請你一定要穿戴好衣服和鞋子喔！

給家長的叮嚀 穿戴不正確，有可能導致嚴重傷害。請告訴孩子，戴耳機或耳罩時要更加謹慎，因為他們可能會聽不到周圍的聲音，而無法注意到追近的危險；另外，嘴裡含著糖果、口香糖或巧克力棒走動，也是很危險的。

9

這是問題的回答。

這是向家長說明的文字。
※標示：(上)代表頁面的上段；
　　　　(中)代表頁面的中段；
　　　　(下)代表頁面的下段。

守護自己的人身安全，讓家人安心，是很了不起的喔！

3

目次

從哪一頁開始閱讀都可以喔！

意外預防 ···················· 32

犯罪預防 ………………………………………………………………………………… 48

災害預防 ……………………………………………………………………………………………… 64

交通安全

你是否曾和家人或朋友去哪些地方散步或騎自行車？
如果你能事先了解做哪些事會有危險，
就不會發生問題喔！

 鞋帶鬆了，這樣出門可以嗎？

一定要綁緊鞋帶。

如果你踩到鬆開的鞋帶，可能會絆倒，

或者鞋帶被捲進自行車的車輪裡。

請你一定要穿戴好衣服和鞋子喔！

給家長的叮嚀　穿戴不正確，有可能導致嚴重傷害。請告訴孩子，戴耳機或耳罩時要更加謹慎，因為他們可能會聽不到周圍的聲音，而無法注意到迫近的危險；另外，嘴裡含著糖果、口香糖或巧克力棒走動，也是很危險的。

② 走在路上，要靠右側或左側行走呢？

請靠邊行走。
如果道路上畫有白線，
請走在白線的內側（靠建築物的那側）。
和一群人行走時，
請注意不要並排行走占據整個路面。

給家長的叮嚀 和多人行走時，要注意別各自分散在車道上，尤其是撐傘時請勿並排。向孩子說明導盲磚的作用，請孩子非必要時盡量避免走在上面，把導盲通道留給真正有需要的人。此外，也要禁止孩子邊走邊玩。

③ 在轉角可以突然急轉彎嗎？

請慢慢的在轉角處停下來，
確認另一側的情況。
在轉角的另一側，
可能會有人或自行車迎面而來。
即使在狹窄的道路上，
也要在每個轉角處停下來。

④ 可以緊鄰車道等著過馬路嗎？

請遠離車道（車子行駛處）。
尤其是站在轉角處時，請在距
離車道一到兩步的地方等待。
汽車轉彎時，如果你距離車道
太近，可能會被捲進輪胎，造
成嚴重傷害。

給家長的叮嚀　（下）如果寬廣的人行道上設有防護欄，請在防護欄後方或人行道內側（靠建築物的那一側）等候。若是站在人行道的正中央等待，可能有被自行車撞到的危險。

3 過馬路的時候，要看哪裡好呢？

過馬路時必須看清楚左右。

過馬路時，一定要停下來好好確認左右來車，等到能判斷出「什麼顏色的什麼車子開過來了」，再舉手過馬路。

如果有斑馬線或人行天橋，請使用這些設施過馬路。

紅色的汽車開過來了！

給家長的叮嚀　有時孩子看似做出「正在確認左右的樣子」，但其實做得不一定正確。請教導孩子在看不清楚道路時（例如被公車擋住）不要過馬路。請和孩子一起練習「止步，等候，左右確認，過馬路」的步驟，直到熟練為止。

6 要走斑馬線嘍！綠燈亮時，不先左右看就過馬路可以嗎？

就算綠燈亮了，也必須先停下來確認左右兩側。

即使斑馬線的號誌燈是綠色，也要仔細看看左右兩側，確認車子都停下來了。

如果可以的話，請先和駕駛人的目光接觸後再過馬路。

7 過鐵路平交道時，要看左右的哪裡呢？

站在軌道前方，確認左右都不會有火車過來，再過平交道。

穿越平交道時，不要停留。一旦警報聲響起，升降柵欄開始放下，就不能再穿越了。

萬一有人被困在平交道中間，請立刻按下「緊急按鈕」。

給家長的叮嚀 （上）和駕駛人目光接觸，目的是示意對方：「我現在要過馬路嘍！」（下）除了向孩子指出平交道的緊急按鈕位置之外，也務必提醒孩子不能為了好玩而隨意碰觸。

8 救護車、消防車或警車正在靠近啦！該讓路？還是不讓路呢？

請讓路給這些車子。
救護車和消防車急著趕去救助遇到困難的人，越早趕到越好，因此趕快讓路，不要造成麻煩喔！

9 傍晚或夜晚時分，一個人出門好嗎？

夜間要和家人一起出門。
在衣服、鞋子或單車上，配戴會反光的物件，讓周遭的人都能看清楚你身在何處。騎自行車時，務必要打開車燈喔！

給家長的叮嚀 （下）也可以讓孩子配戴會反光的鑰匙圈。在黑暗的地方，有些會反光的鑰匙圈從幾公尺以外就能看見，會讓其他駕駛人較容易注意到孩子的存在。

14

10 騎自行車的時候，要戴什麼呢？

騎自行車時一定要戴安全帽，並且騎在道路的右側。
在緊急事故發生時，安全帽是重要的救命關鍵。
正確的戴上安全帽，並且保持能讓你迅速停車的速度。

給家長的叮嚀 目前臺灣法規僅要求微型電動二輪車騎士強制配戴安全帽，但基於安全，建議自行車騎士一律配戴安全帽，請讓孩子養成習慣吧！在人行道和車道有所區隔的地方，臺灣法規明定政府可以在不妨害行人通行或行車安全無虞的原則下，在人行道設置標誌或標線供自行車行駛。

11 騎著自行車過馬路時，
要從哪裡過去呢？

如果地上畫有「自行車標誌」，就從自行車道過馬路。
沒有自行車標誌、必須從斑馬線上過馬路時，
就要從自行車上下來，牽著車行走。

給家長的叮嚀 請孩子注意，騎著自行車時，要以禮讓行人為優先。

12 要把自行車停放在哪裡好呢？

請把自行車停在指定地點。

像公園或超市之類人多的地方，都有指定地點停放自行車。停自行車時，一定要上好鎖鏈。

13 自行車的輪胎破了，還是可以騎嗎？

如果輪胎破了，請不要騎乘，牽著自行車步行。

就算騎乘只破了一個輪胎的自行車，還是很危險。也可把自行車停放在不會造成他人麻煩的地方，上好鎖鏈後，通知家人。剎車裝置壞掉的時候，也是一樣的處理方法。

給家長的叮嚀 （上）日本19歲以下青少年和孩童最常成為受害者的原因第一名就是自行車竊盜，每年超過3.7萬件（資料來源：日本警察廳，2023）。提醒孩子，在朋友家或公園等地方，即使只是短暫離開自行車，也一定都要上好鎖鏈。

14 球跑到馬路上，急著去撿球可以嗎？

急著跑到馬路上去撿球，是非常危險的。
如果身旁有大人的話，請他幫你把球撿回來吧！
必須自己撿球時，一定要確認沒有車子或自行車靠近，
再去撿球喔！

給家長的叮嚀　別讓孩子在物品有可能跑到馬路上的地方玩耍。尤其是當物品滾到車子下方時，告訴孩子
不要自己爬到底下去撿東西，而是要告知大人。

15 坐上汽車時，要做的第一件事情是什麼？

一定要先繫上安全帶。
為了避免受傷，請在車子啟動之前，將安全帶繫好。
小孩子也不可以獨自在車子裡等待。

16 被困在車子裡時，該如何脫困呢？

你可以按汽車喇叭。
如果你不斷大聲呼叫，身體很快就會疲累，所以請按喇叭來引起注意。

給家長的叮嚀　（上）坐在汽車後座一定要繫上安全帶。在高速公路上，坐汽車後座不繫上安全帶的死亡率，是繫上安全帶的19.4倍，在一般道路上是 3.5 倍。（資料來源：日本警察廳，2017-2023）（下）請家長和孩子一起練習按汽車喇叭，並告訴孩子同樣的方法也可以應用在校車。

17 在停車場玩耍，這樣好嗎？

在停車場裡，不可以玩耍，也不可以嬉鬧。

在停車場裡，請和家人牽著手走路。

絕對不能到處奔跑，也禁止躲在車子後方或車子底下，萬一車子突然發動，可能釀成重大事故喔！

18 坐公車的時候，該注意什麼？

公車有可能突然煞車，所以要坐到座位上，或是緊握扶把。

一個人坐公車時，盡量不要坐到最裡面的座位，這樣萬一遇到問題，才能馬上呼叫旁人幫忙。

給家長的叮嚀 （下）為了預防犯罪，請告訴孩子不要坐在看不見周圍的死角座位，並把行李放在大腿上或是放置在腳邊，以免擋住通道。

19 在火車或捷運月臺，該注意什麼？

在月臺上，不要奔跑或分心。

如果不小心撞到人而掉落軌道，是非常危險的。請走在月臺上的黃線內側喔！

20 火車或捷運車門一打開立刻上車，可以嗎？

先讓路給要下車的人再上車。

如果一上車就靠著車門，衣服或物品有可能在關門時被夾進縫隙中，因此請不要靠著車門喔！

給家長的叮嚀 （上）提醒孩子，就算列車是停止的，也要養成走在月臺黃線內側、依序排隊、輪流上車的習慣。（下）上車之後，請找空位坐下；如果沒有位子坐，請緊握扶把。

身心保健

當你的身體或心理感到不舒服的時候，
放鬆或休息是非常重要的喔！
為了不受傷或生病，你必須注意一些事情。
請練習回答以下的問題吧！

21 從外面回到家的時候，首先要做什麼事呢？

請先洗手和漱口。
這樣可以把在外面沾附到的髒汙
或黴菌沖洗掉。
在「花粉」紛飛的季節裡，進入
家裡前最好先抖落附著在頭上或
衣服上的花粉喔！

給家長的叮嚀▶ 花粉有可能附著在毛髮或衣服的纖維裡，被我們帶進家中，請在進入玄關之前先抖落。全家人都一起遵行相當重要。

22 吃飯或吃點心時，不咀嚼就吞下肚子，這樣好嗎？

要一小口、一小口的慢慢咀嚼。

吃東西時細嚼慢嚥，可以幫助消化。

會讓自己過敏的食物不要吃，

像是對雞蛋過敏卻吃了雞蛋，身體就會不舒服。

其他食物如牛奶或小麥製品，也有可能使人過敏喔！

給家長的叮嚀 如果孩子有過敏，請讓孩子本人或周圍的人知道。也可以讓孩子配戴表明自己有過敏的胸

章。不要強迫他人吃東西，因為對方可能對某些食物過敏。

23 玩電腦遊戲，可以不限制時間嗎？

請和家人一起決定玩電腦遊戲的規則，例如「○點到的時候，就停止遊戲」、「一天只能玩○小時的遊戲」。除了電腦遊戲之外，還有許多你喜歡的遊戲可以玩，也都很有樂趣喔！

24 身體不舒服或感到疲累時，該怎麼辦？

如果你覺得身體和平常不太一樣，請讓大人知道你哪裡不舒服，稍作休息。頭痛、肚子痛或發燒時，請不要勉強起身活動。

給家長的叮嚀 （上）為了不讓孩子過度沉迷電腦遊戲或遊戲機，親子應該討論好一天的遊戲時間分配，並且讓孩子有機會享受各種室內和室外活動。（下）為了讓孩子一整天都保持活力充沛，請讓孩子養成習慣攝取營養均衡的早餐。有時候之所以會發生交通事故或受傷，是因為沒吃東西或睡眠不足。

25 感染流行性疾病的時候，該怎麼做呢？

請勤洗手和漱口，並正確配戴口罩。

想要咳嗽或打噴嚏時，請用口罩、手帕或袖子遮住口鼻，盡可能不要前往人多的地方。

26
大熱天出去玩，該注意什麼？

覺得口乾舌燥之前，就要喝水。

身體過熱，整個人會感到不舒服，一定要常補充水分，或吃點鹹食。

外出時，要戴帽子喔！

給家長的叮嚀 （下）天氣突然變熱或是在溫度很高的地方長時間活動，要小心中暑，讓孩子穿上穿脫容易、可以調節體溫的服裝出門，養成一流汗就換衣服的習慣。在氣溫很高、日照很強的時段，請控制孩子在戶外遊玩的時間。

27

上課中，忍住不去上廁所，這樣好嗎？

想上廁所的話，不要憋住。

就算是上課中，也不要覺得不好意思，舉手向老師報告，再去上廁所。上完廁所把手洗乾淨，用手帕擦乾。

使用坐式馬桶時，沖水前先蓋好馬桶蓋，馬桶裡的水才不會飛濺出來。

28

驚嚇路上的狗或貓，這樣好嗎？

請不要驚嚇貓狗，或是做一些令牠們不舒服的事情。

從貓狗的眼裡看來，即使是小孩子也很巨大。

只要你不逗弄欺負，牠們也不會主動傷害你。

請溫柔善待牠們喔！

給家長的叮嚀 （上）請讓孩子養成出門前先上廁所的習慣。（下）萬一孩子被動物咬了，就算是小傷，也要趕快用肥皂澈底清潔，再用乾淨的紗布包紮。細菌有可能進入被咬的傷口，一定要去醫院檢查。

29
發生擦傷或割傷時，該怎麼辦？

清洗傷口，趕快止血。
如果是小傷，就用流水將傷口上的髒汙沖洗乾淨。血止住後，貼上紗布墊或ＯＫ繃。
若受傷情形嚴重，趕快告知大人。

30
流鼻血的時候，該怎麼辦？

坐在椅子上，身體稍微前傾，捏住鼻子止血。
捏住鼻子的正中央約15分鐘，將毛巾用冷水浸溼，擦拭額頭到鼻子之間的區域降溫。如果15分鐘後仍未順利止血，請立即就醫。

給家長的叮嚀 鼻子若被打到或撞到，鼻腔內的黏膜就會受傷流血，為了避免情況加劇，請孩子不要用力按壓鼻子；若仍血流不止，要趕快就醫檢查。如果是撞到頭而流鼻血，請在止血治療的同時叫救護車。

31 撞到頭的時候，該怎麼辦？

如果撞到的地方腫起來，請用沾了冷水的溼毛巾降溫。

呼叫大人，讓他們知道「我撞到頭了！」

盡量不要觸碰被撞到的地方，先躺下來安靜休息一下。

32 燙傷時，該怎麼辦？

立刻用冷水降溫。

不必強行脫掉衣服，

重要的是趕緊降溫。

若朋友或兄弟姐妹在附近，

請他們馬上叫大人前來。

好燙啊！

33 被蚊子叮到時，該怎麼辦？

就算很癢，也盡量不要抓癢。

用肥皂和流水仔細清洗被蚊子叮的地方，再請大人幫你塗上止癢藥品。

好想抓癢

好想抓癢

好想抓癢

給家長的叮嚀 （上）將孩子戶外玩耍的時間控制在一到兩小時。若孩子撞到頭，請家長在孩子身旁密切觀察情況，如果孩子出現嘔吐或抽搐情形，請立即就醫。

34 朋友欺負你時，該怎麼辦？

到那邊去！

明確告訴你的朋友「我不喜歡你對我做某某事」。
被欺負會覺得很難過吧？向對方說清楚你不喜歡什麼。
如果對方還是不停止這樣的行為，請讓家人或老師知道。

給家長的叮嚀　家長應該從頭到尾仔細聆聽孩子所說的事情，承認孩子的感受，給予支持。除了聽其中一方的說法，了解對方的觀點也很重要。視情況所需，可以考慮通知幼兒園或學校。

35 如果做了傷害朋友的事情，該怎麼辦？

誠心誠意的向朋友道歉。

會讓朋友不喜歡的事情，不要做喔！

發自內心向對方道歉：「我很抱歉對你做了那樣的事情。」

若造成對方受傷，要趕快告訴家人。

給家長的叮嚀 孩子若做出欺負朋友的行為，請利用機會和孩子討論這個議題，並且教導孩子誠心道歉。
視情況而定，有時家長必須陪同。

意外預防

不論在家裡、幼兒園或學校，
有很多物品若使用不當，
便會發生危險。
只要事先知道哪些事情可能造成傷害，
就不會有問題。

36 在走廊或樓梯上奔跑，這樣好嗎？

在走廊或樓梯上，請直視前方，慢慢行走。
萬一在奔跑或嬉戲時撞到人，
不僅自己會跌倒，對方也可能跌倒。
走路時若把手放在口袋裡，
摔倒時就沒有手可以支撐，
也許會造成嚴重受傷喔！

給家長的叮嚀 提醒孩子，後方可能有人的時候，請不要突然停下來。轉彎前先停下來，避免和從對向走
過來的人相撞。

37 突然用力的開門，這樣好嗎？

要慢慢開門，慢慢關門。
用力開門或關門的話，可能會撞到站在門後的人。
關門時，注意不要被門縫夾到手指喔！

給家長的叮嚀　如果沒辦法看到門的另一側，告訴孩子先敲門或出個聲音，確認有沒有人；拉門也是同樣
的作法。在地板上做記號標示開門的方向，也有助於辨識。

38 用溼溼的手去碰觸電源插座，這樣好嗎？

不能用溼溼的手碰觸插座。
這麼做的話有可能會觸電，
甚至造成致命的重大傷害！
插座的洞裡有電流通過，
所以絕對不可以將插頭以
外的東西放進去。

39 為什麼不能太靠近暖爐呢？

**若是太靠近暖爐，有
可能被燙傷。**
一定要和暖爐保持適
當距離，足以取暖即
可。如果暖爐有安全
圍欄，不要移動它，
也不能進到圍欄內。

給家長的叮嚀 （下）請在暖爐附近設置安全圍欄，並且確保暖爐周圍沒有放置任何易燃物，這樣比較容
易使孩子對「會著火的物品」產生警惕。

40 可以揮舞剪刀嗎？

剪刀的刀刃有可能傷到手，所以請不要揮舞剪刀。
要把剪刀遞給別人的時候，請先套上保護套。
若是沒有保護套，請把剪刀的把手朝向對方再遞過去。
使用完畢要立刻歸位喔！

決鬥吧！

給家長的叮嚀 教導孩子，遞鉛筆給別人時，也是要把尖銳處朝向自己。家裡的物品如果沒有整理好又散落一地，可能會因為踩到或被絆倒而受傷，要盡量把家裡整理得乾淨整潔。

41. 為什麼不能在浴缸裡嬉鬧呢？

好燙！

因為有水或肥皂附著的地板或牆壁，很容易使人滑倒。
無論是淋浴或泡澡，都要先用手試一下水溫，確定溫度適中，再開始洗澡。

42. 為什麼不能一邊走路，一邊刷牙呢？

若是跌倒，牙刷可能會刺進喉嚨導致受傷。
刷牙時，若附近有人，要注意不要相撞。

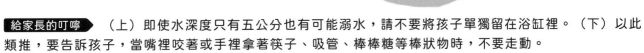

給家長的叮嚀　（上）即使水深度只有五公分也有可能溺水，請不要將孩子單獨留在浴缸裡。（下）以此類推，要告訴孩子，當嘴裡咬著或手裡拿著筷子、吸管、棒棒糖等棒狀物時，不要走動。

43 想用微波爐加熱多久都可以嗎？

注意不要加熱過度。

時時注意微波爐裡的狀態，一次加熱一點點，比較不會出問題。

雞蛋或栗子等有「殼」食物，用微波爐加熱時可能會破裂喔！

44 可以用手觸摸煎藥罐或鍋子冒出來的蒸氣嗎？

會有燙傷的危險。

手或臉請勿靠近煎藥罐或鍋子的噴氣口。蒸氣的溫度非常高，有可能會讓你燙傷。熨斗的溫度也很高，要注意喔！

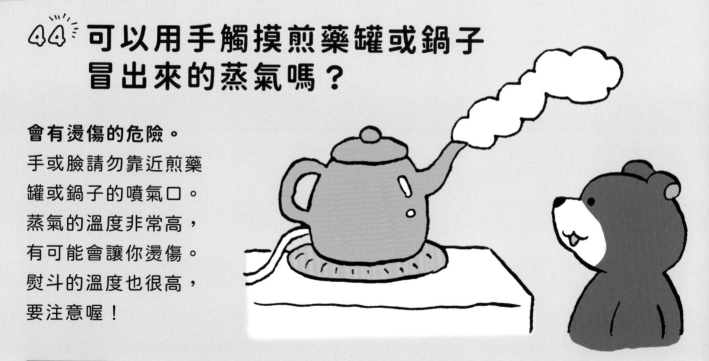

給家長的叮嚀 （上）孩子開始學習使用微波爐時，請和孩子一起確認可以加熱的食物、食物的狀態，以及加熱時間的長短。如果使用不當，有可能發生微波爐內起火或爆炸的情形，所以等待食物加熱時，請稍微遠離微波爐。

45 為什麼不能在瓦斯爐附近玩耍呢？

萬一火燒到衣服或物品，不僅會
被燙傷，甚至可能引發火災。
也不可以為了好玩而隨便
按壓瓦斯開關。
如果在爐子周圍聞到奇怪
的味道，有可能是瓦斯漏
氣，請立刻告訴家人。

46
小孩子可以自己使用菜刀嗎？

請務必和大人一起使
用菜刀。
萬一使用不當，恐怕
會造成嚴重傷害，
所以絕對不可以拿刀
子來玩耍。
刀子使用完畢之後，
務必歸還給大人。

給家長的叮嚀 （下）請把物品放在同一個地方。尤其是刀子之類的危險物品，一定要放在固定的位置，
孩子也比較會多加注意。

47 在陽臺或窗子附近玩耍，可以嗎？

不可以，絕對不能爬上欄杆之類的物體上。
萬一從高處落下來，可能會造成生命危險。
不要從陽臺往下看，也不可以從陽臺往外丟東西，就算是小東西也不行。

48 當附近有小嬰兒時，該注意什麼？

萬一撞到小嬰兒，會很危險，請不要到處亂跑，並保持安靜。
小嬰兒要吃健康的食物，但他們無法分辨什麼能吃、什麼不能吃，所以在小嬰兒附近，也不要放置像彈珠之類的小物品。

給家長的叮嚀 （上）盡量不要在陽臺上堆放雜物。如果孩子把雜物當作踏階，可能發生從陽臺墜落的危險。（下）如果孩子的弟弟或妹妹是小嬰兒，請告訴他不要把小東西丟在地上，尤其是花生之類的東西。萬一小嬰兒誤食，可能引起過敏反應，必須特別留意。

49 不論用什麼方法玩公園裡的遊戲設施，都沒有關係嗎？

一定要用規定的安全方式玩遊戲設施。
溜滑梯是靠著滑動來遊玩，而盪鞦韆是
坐在上面擺盪的遊戲器材。
一定要按照指示來玩，並遵守秩序，否
則可能會受傷喔！

給家長的叮嚀 玩溜滑梯時，大家會一個接一個滑下來，所以溜下來後一定要馬上離開滑梯，以免相撞。
請告訴孩子，玩溜滑梯時務必隨時注意周圍的情況。

30 搭乘手扶梯時，要緊握什麼？

為了避免跌倒或摔落，請緊握扶手。
不要向後轉，也不能在手扶梯上嬉鬧。
離開手扶梯時，為了不擋到後面的人，
請繼續向前走，別突然停下來。

給家長的叮嚀 讓孩子搭乘手扶梯時，不要走動，站立在其中一側。不要站在階梯邊緣，而是站在安全線之內。注意腳步，別讓長裙或鞋帶被捲入階梯縫隙中。

31 未經許可，能進入建築工地嗎？

請不要進入建築工地內。
務必遵守施工現場人員的指示。
道路或建築物正在施工時，
物體有可能從上方掉落喔！

32 為什麼不可以拿著傘嬉鬧呢？

傘頭是尖的，所以很危險。
拿傘時，請將傘頭朝下；開傘時，要朝著沒有人的方向。拿著傘走路時，手不要前後擺動喔！
傘壞掉無法使用時，請把傘帶回家。

給家長的叮嚀 （下）可以購買透明材質製造、看得見前方狀況的傘或雨衣。騎自行車時拿著傘，是違反道路交通規則的。若是一隻手握著把手，一隻手撐傘，就會不方便煞車，非常危險，提醒孩子絕對不要這麼做。

53 帶著水壺走路，
該注意什麼？

先把水壺裝在袋子裡再走路。
如果把水壺掛在脖子上走路，萬一跌倒，水壺可
能撞到胸口或是掉落喔！
要注意任何有繩子的物品，也許會被繩子纏住。

54 穿著有帽子的衣服時，
該注意什麼？

**要避免帽子被樹枝、
門或溜滑梯勾住。**
脖子周圍的衣物如果
被拉扯到，可能讓人
無法呼吸。
戴圍巾或穿裙子時，
請一定要小心，不要
被任何東西勾住。

給家長的叮嚀 （上）如果脖子上掛著附有繩子的水壺，可能會發生勾到周圍物品的事故。（下）告訴孩
子，穿著有帽子的衣服時，可以先把帽子往內側折進去。

小孩子可以獨自去河裡玩耍嗎？

一定要和大人一起，才可以去河裡玩耍。
下水玩的時候，要穿著不易滑倒的鞋子和救生衣，
不要只穿著自己平常的衣服進入河裡。
看似很淺的河川，也可能突然變深，或是水流突然加速。
萬一自己的東西掉到水裡流走了，千萬不要自己去拿喔！

給家長的叮嚀 ▶ 警報響起時、看到河川上方的天空有烏雲時、聽到雷聲時、開始下雨時、落葉突然急速流
動時，都有可能發生水位急速上漲的情況，教導孩子遇到這些情況時盡快離開水邊。

36 小孩子可以獨自靠近池邊嗎？

盡量不要靠近池邊。

即使看起來很淺，有些地方卻會突然變深。

萬一落水，很可能沒辦法自己爬上來。

就算是「灌溉渠」，也盡可能別靠近。

不可以用跳躍的方式跨越灌溉渠喔！

37 小孩子可以獨自去海邊嗎？

請和大人一起去海邊。

在海灘上行走時，請穿著鞋子或涼鞋，避免踩到尖銳物品，還要小心晒傷。

先確實做好暖身操，再進入海裡活動。絕對不可以進入設有禁止標誌的區域玩耍。

給家長的叮嚀 ▶　（上）日本每年約10～30起農業灌溉蓄水池死亡事故發生（資料來源：日本農林水產省，2012-2021）。水池旁的斜坡上布滿了溼滑的泥土和青苔，萬一跌落水池，很難靠著自己的力氣爬上岸，務必告知孩子不要靠近。

58 為什麼去山上要穿著長袖或長褲呢？

這是為了避免被蟲咬或被樹枝刮到而受傷。
山裡的地面溼滑，可能有積水，在山裡步行時，必須穿著適合的鞋子，還要小心別被鞋帶絆倒。
一定要找大人陪同喔！

59 放煙火或鞭炮時，可以將火焰對著有人的方向嗎？

不能把火焰對著別人。
使用火柴或打火機點火時必須請大人幫忙。煙火點燃之後，絕對不要直視火焰冒出來的地方。一定要有大人在旁邊，才可以燃放煙火或炮竹。

給家長的叮嚀 （下）燃放煙火或鞭炮時，請確保附近沒有易燃物品，也要事先準備好滅火用的水，滅火時也要特別小心。讓孩子一起參與並收拾殘局，可以培養孩子對於火災的危機意識。

犯罪預防

出門在外時，會遇到各式各樣的人，
有善良的好人，也有不友善的壞人。
為了避免捲入壞事或感到害怕，
以下列出關於這個主題的問題。

60 出門玩之前，要告訴家人什麼事情呢？

請告訴家人「要去哪裡、回家時間、一起出去玩的朋友名字」。

一定要遵守和家人約好的「回家時間」。如果回家時家裡沒人在，請想辦法告知家人。

61 帶著家裡的鑰匙出門時，應該把它放在哪裡？

盡量把鑰匙放在其他人看不見的地方，例如繫在褲腰帶上，然後放入口袋中。

如果把鑰匙用繩子掛在脖子上，其他人就會知道你家沒有人在。

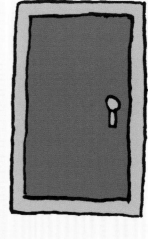

犯罪預防

給家長的叮嚀 （下）和孩子一起「制定並遵守規則」非常重要。若是讓孩子帶著手機，也許可以容許孩子偶爾「遲一些到家」，但整體而言，請確保孩子能遵守最初約定的回家時間。

62 上學或放學時，可以走「上下學路線」以外的路嗎？

一定要走「上下學路線」。

盡可能和朋友們一起走。

如果你的物品上寫有你的名字，請把名字往內翻，或是放進包包裡。

不要讓周圍的人看見你的「個人資訊」。

給家長的叮嚀 孩子在聽到有人叫自己的名字時，會放鬆警戒。為了防範壞人，請確保孩子在上學和放學時，不會被周遭的人看見名牌或其他寫有名字的物品。然而，上學或放學時戴著名牌是很重要的，因為萬一發生事故或災難時，這些都是關鍵資訊。

63 遇到鄰居時，該做什麼事呢？

請很有精神的打招呼吧！
如果能和鄰居交朋友，萬一遇到可怕的情況，
比較容易獲得幫助。你可以用愉快的語氣說：
「早安！」或「你好！」

你好！

犯罪預防

給家長的叮嚀 防治犯罪教育本來的目的，就是培養「市民社群」，也就是同一個地區的居民都能協力合作。打招呼，是安全的基礎。若能讓孩子和親戚或鄰居建立信賴關係，當懷有惡意的人靠近時，孩子就能注意到不尋常的氣氛。

64 放學路上，和朋友分開後，變成獨自一人時，可以繞道走嗎？

請不要繞道，直接回家。

一個人的時候，可能會遇到危險的事，所以走路時要特別注意。

手上握著防身警報器，以便在緊急情況時使用。

65 一個人走路時，該走什麼樣的路呢？

請走明亮且有人潮的道路。

如此一來，要是發生可怕的事情，就能馬上被注意到。

隻身一人時，盡量不要和家人以外的成年人單獨相處。

給家長的叮嚀 （上）（下）就算孩子成群結隊上下學，放學途中還是有可能落單，誘拐綁架案經常在這種「獨自一人的時刻」發生。家長和孩子必須一起確認住家附近兒童可以尋求保護的地點，家長親自接送孩子也很重要。

66 放學回家時，如果家裡沒有人在，該注意什麼？

先確認附近沒有可疑的陌生人，再快速進入自己家裡。

壞人有可能在你家附近等候，等你到家就跟著闖入家中。

回家後，要做的第一件事就是趕緊鎖門。

67 你可以自己看家嘍！這時候可以接對講機或是電話嗎？

最好都不要接喔！

和家人一起制定相關規則，例如獨自在家時，把電話切換到答錄機模式，確定是家人打的電話再接。在家人回到家前，都別使用對講機。

叮咚！
叮咚！

給家長的叮嚀 （下）孩子獨自在家時，就算門上閂著鏈子，在面對他人的請託時還是很難拒絕。請告知孩子，一定要向家長報告「電鈴在何時響起」。如果可以的話，盡量不要把孩子單獨留在家裡。

68 出門在外時，可以和家人分開嗎？

出門在外時，請和家人手牽手，避免在人群中走散。

請事先和家人說好，萬一走散了該怎麼辦。

如果迷路了，可以找附近店家的店員說：「我迷路了。」

69 可以自己前往廟會祭典或煙火大會嗎？

要和大人一起去喔！

夜間舉辦的活動，一定要和大人一起去。你若是太過興奮而迷路，可能被捲入事件或事故，所以隨時都要特別小心，隨身物品或金錢也要好好保管。

給家長的叮嚀 （下）孩子和朋友一起參加活動時，請向負責帶隊的家長確認，萬一發生走散的情形時該採取什麼行動。要讓孩子知道，不要因為在人多的地方就感到安心，人群中有可能混雜著預謀犯罪的人。

70
出門在外時，可以一個人去上廁所嗎？

不要一個人去上廁所。
就算只是快速去一趟廁所或
糖果店，小孩子也必須有大
人陪同前往。
即使是明亮且人多的地方，
也請和家人一起前往。

71
可以一個人搭電梯嗎？

盡量不要一個人搭乘電梯。
別和不認識的人單獨搭乘，等電
梯門完全打開之後再進出。
獨自搭乘電梯時，盡可能靠近門
口，以便快速離開電梯。
如果被困在電梯裡，請按下「緊
急按鈕」。

給家長的叮嚀 即便是在超市或親子餐廳這樣人多的場所，廁所等死角也有可能發生誘拐或性犯罪。和孩子性別不同的家長可以在廁所門口等候，對孩子說話，讓附近的人知道家長的存在。在這種情況中，並不是適合鼓勵孩子「獨立」的時機。

72 出門在外，如果只有你和另一個陌生大人時，可以靠得很近說話嗎？

自己的氣球

不要和陌生人靠得太近喔！就像左邊的圖一樣，把自己的雙手打開來，形成一個氣球。當你在「自己的氣球」內時，可以和對方拉開一定的距離，萬一遇到危險比較容易逃跑。

73 如果有人說「請你為我指路」，該怎麼辦？

這個時候，只要口頭和用手為對方指路就好。
大人可以自行前往，別擔心。
絕對不可以和對方一起去喔！

給家長的叮嚀 （上）孩子若和大人之間保持各自張開一個手臂的距離（約120公分），比較不怕手被突然抓住，可以安心一點。（下）如果教孩子「不要理會陌生人的問路」，可能會和品德教育有所衝突，應該教孩子「做自己能力範圍內的事情即可」。

74 應該提防什麼樣的人，避免壞事發生呢？

有時候光是透過觀察外表，還是無法分辨出做壞事或誘拐兒童的人。
你應該注意的不是「可疑人物」或「陌生人」的外表，
而是觀察他們是否做出讓你不喜歡或覺得害怕的事情。

犯罪預防

給家長的叮嚀 犯罪者不一定看起來很可疑。重要的是教孩子和其他大人保持「自己的氣球」的安全距離
（如第72題所示），不以「人的外表」來判斷對方好壞，而是根據「行為」（他們試圖對孩子做什麼事）
來分辨。

73 想避開可怕的事或討厭的事，該怎麼做呢？

這個時候，脫身的方法就是求救。

★大聲呼叫「幫幫我！」

★按響防身警報器。

★趕快跑進離你最近的店家，請求幫助。

不論是認識的人或陌生人，若是想阻止他們對你做出可怕的事

或討厭的事，就一定要求救喔！

給家長的叮嚀　在緊急情況下，許多孩子都無法大聲喊叫出來。外出之前，讓孩子實際演練按響防身警報器，增加孩子的信心。請讓孩子知道「遇到可怕的事，或是想要擺脫這樣的情況，一定要告訴家長」。

76 感覺快被陌生人帶走時，無法大聲呼叫，也無法讓防身警報器作響，該怎麼辦？

請使用手勢求救！

這樣的手勢代表「幫幫我」的意思，讓周圍的人看見這個手勢，進而注意到你。

77 身上背著重物時，如果被可疑的人追趕怎麼辦？

背著重物卻必須跑走時，
請先把東西丟掉，趕緊逃跑。
在這種情況中，為了順利逃跑，請先把書包或袋子等重物丟掉。此刻最重要的是保住你的性命。

給家長的叮嚀 （上）「幫幫我手勢」可以讓被害者在加害者不知情的情況下，向第三者發出求救信號而不激怒加害者。（下）放下沉重的書包或行李逃跑的舉動，被稱為「不要書包」行動。最好不要把寫有住家地址的東西放進孩子的書包裡。

78 如果有人對你說「上車」，該怎麼辦？

不要獨自搭乘家人以外的人所開的車。

如果有人對你說：「我們一起上車去買遊戲光碟吧！」這時請趕快離開。

只有一種情形可以搭別人的車，就是看到家人也在車上才可以搭。

79

遇到可怕或麻煩的事情，可以向誰求救呢？

可以求救的人有很多喔！
★ 派出所的警察先生／小姐
★ 貼有「愛心服務站」貼紙的商店
★ 附近的店家
★ 當時在你附近的人
你可以隨時尋求協助。
最好事先確認住家附近有哪些地方可以提供協助。

給家長的叮嚀　（下）請和孩子一起確認活動範圍內的警局、派出所，或是貼有「愛心服務站」貼紙的店家，事先和這些地方的人打招呼。如此一來，孩子在遇到緊急狀況時，就更容易衝進去求救。

80 如果有人試圖碰觸你的身體，該怎麼辦？

請向對方明確的表達：「不可以！」、「我不喜歡！」
如果無法阻止對方，請不斷大叫「幫幫我」，並且嘗試避開。當你無法發出聲音時，請按響防身警報器，然後想辦法遠離這個人。

81 身體的哪些部位不該讓別人碰觸？

請不要讓任何人碰觸你的嘴巴，或是穿泳衣時遮蓋起來的地方。這些都是非常重要的身體部位，所以不能讓別人看到，也不可以讓人拍照喔！

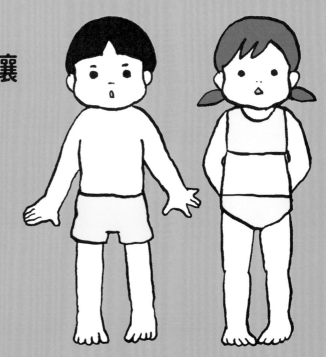

犯罪預防

給家長的叮嚀 （下）請和孩子確實約定：「不可以讓人看見或觸碰穿泳衣時遮蓋住的身體部位。」這件事情無關乎孩子的性別，男孩受到性侵犯的情況並不少見。

82 可以隨心所欲、毫無限制的使用智慧型手機嗎？

和家人一起制定使用規則，如「○時一到，就停止使用」、「一天只使用○小時」等，並確實遵守。
如果獨自使用手機到太晚，可能會不知不覺陷入危險而無人可求救。
請在家人醒著的時間才使用手機。

83 上網時，如果有認識但沒見過面的人詢問你的住址，可以告訴對方嗎？

姓名、學校、生日、住址等資訊，都不可以隨便告訴別人。
網路上認識的朋友，不見得會告訴你所有的實話。
如果對方要求「請寄給我一張你的照片」，請不要發送喔！

電話0000-××××
貓熊區 ××大樓
××號室

貓熊博矢
貓熊第五小學

給家長的叮嚀　（上）（下）有些手機遊戲中具有即時通訊功能，可能會導致孩子和外人接觸並陷入麻煩。在手機上增設過濾功能，可以避免許多危險，因此務必在孩子使用手機之前先行設定。

84 在網路認識的人想跟你見個面，該怎麼辦？

請不要和在網路上認識的人親自見面。

如果你真的想見某人，請先和家人談談，然後和家人一起去和對方碰面。最好一開始就讓對方知道自己「無法親自見面」、「無法告知個人資訊」。

85 如果被要求線上付款，該怎麼辦？

要馬上跟家人說。

有些應用程式雖然號稱「免費」，但除非先付費，否則無法使用。除了家人同意你使用的應用程式之外，其餘不要使用。

犯罪預防

給家長的叮嚀 （上）（下）如果家長允許孩子使用手機，必須善盡管理之責，和孩子一起制定規則，並請孩子確實遵守。如果家長同意支付費用，也要先講好規矩。請不要忘記，手機是父母的財產，孩子只是借用而已。

災害預防

臺灣很常發生地震或颱風等災害，
若能事先知道發生災害時該怎麼應對，
你便可以安然無恙。

86 當你去到一個平時不常去的地方時，該怎麼做呢？

請先確認「緊急逃生出口」或「疏散路線」。
否則萬一發生火災，你會不曉得該往哪裡逃跑。
請事先弄清楚，在緊急情況下該如何、往哪裡逃生。

給家長的叮嚀 請讓孩子養成習慣，在抵達購物商場、電影院或旅行期間的住宿地點時，先確認緊急逃生出口。避難時，請穿可包覆住腳部的鞋子，不要穿拖鞋。

87 當地震發生時你人在建築物內，該怎麼做呢？

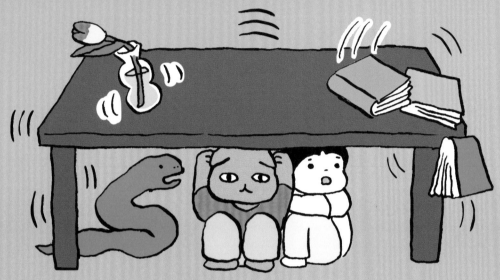

為了保護頭部，請先躲到桌子底下。

保護頭部不被落下的物體砸到，這很重要喔！

另外也要遠離書櫃或窗戶玻璃。

若你在浴室裡，請把門打開，避免被困住。

88 當地震發生時你人在建築物外，該怎麼做呢？

請遠離任何可能掉落的物體。

遠離街道牆邊或自動販賣機，還要小心掉落的物體。

請前往公園或空地等空曠的地方避難。

給家長的叮嚀　（上）向孩子示範，如果沒有桌子，請蹲下，並利用附近的物品（例如墊子）覆蓋並保護頭部。如果使用的烹飪電器會自動斷電，那麼此時首要任務就是保護自身安全。

89 在海邊遇到地震，該怎麼辦？

因為可能發生海嘯，所以要馬上往高處逃跑。
如果離高地很遠，請跑到附近堅固的高樓上，
就算當時家人不在身邊，也要各自努力逃跑。
這就是日本提倡「海嘯來臨，各自逃命」口號的意義。

給家長的叮嚀 首先要讓孩子知道，最關鍵的是守護自己的性命。不帶任何行李逃到更高的地方，也很重要。逃到比當時身處之地更高的地方時，讓自己先安心下來，然後再疏散到更安全的場所。

90 在山上遇到火山噴發，該怎麼辦？

請安全且快速的下山。
火山噴發時會噴出瓦斯，
請趕緊用手帕掩蓋口鼻。
為了避免被噴出的火山碎
石打到，附近如果有小山
屋，請往該處逃跑。
逃跑時，請縮起並壓
低身軀，保護頭部。

91 待在緊急避難所的時候，可以大聲喧鬧嗎？

請盡可能保持安靜。
因為那裡有各式各樣的人，
例如嬰兒、老人或病人，他
們都很需要安靜。不過，當
你悲傷或害怕時，還是可以
哭泣，不必忍耐。
上廁所可能得排隊，所以早
一點去喔！
隨身行李要整理乾淨，妥善
放好。

給家長的叮嚀　（下）雖然上廁所不太方便，但請務必提醒孩子喝大量的水，避免脫水。讓孩子知道避難
地點也有該遵守的規則。如果避難地點有電視，請不要讓年幼的孩子觀看地震或海嘯等反覆播放的影像。

92 出門在外時，遇到大雨或豪雨，該怎麼辦？

趕快躲入堅固的建築物中。
豪大雨發生時，有可能降下猛烈的大雨。
烏雲密布或打雷地點很近時，請待在建築物中。
如果沒有急事，就不要外出。

93 出門在外時，遇到打雷，該怎麼辦？

遠離樹木或電線桿等高大的物體。
雷電往往會打在高大的物體上，請躲進建築物或汽車內，等待閃電停止。

給家長的叮嚀　（上）提醒孩子，下大雨時，河川或灌溉水渠的水量會增加，為了不被沖走，請勿靠近。
家長請注意不要行駛在淹水的道路上，因為路面上的疏水孔蓋有可能被沖走，導致車輪陷入孔洞中。

94 出門在外時，遇到下冰雹，該怎麼辦？

拿背袋保護住頭部，
趕快躲入建築物中。
冰雹是大顆的冰塊，
有可能把雨傘戳破，
如果被冰雹擊中，有可能受傷喔！

95 下雪的時候，可以在路上跑嗎？

盡可能把步伐縮小、腰部放低，慢慢行走。
下雪的時候，地面會結冰，可能會滑倒。
出門的時候，請穿著防滑鞋。

96 颱風即將來臨！堅持要外出，可以嗎？

躲進建築物中，等待颱風過去吧！
強風會吹起路上的招牌或樹枝之類
的物品，可能使人受傷。
颱風來臨時，絕對不可以靠近海洋
或河流。

給家長的叮嚀　（下）就算不是颱風，雨傘也有可能在強風中被折斷毀壞或被吹走，造成傷害，要告訴孩
子強風時別外出。壞掉的雨傘有可能很危險，所以請使用雨衣。也可以考慮儘早前往緊急避難所。

97

失火了！
緊急疏散時，
該注意什麼？

不推、不跑、不說話、不折返。
疏散逃跑時，請記住以上四個原則。逃跑時，為了避免吸入煙霧，請用手
帕之類的東西覆蓋口鼻，把身子蹲低；就算有重要物品，也不要帶著走。
發生地震時，也是一樣的作法。

98 遇到事件或事故時，
首先該做什麼？

摀住口鼻，遠離火源、有異常聲響
或臭味的地方。
如果和大人同行，就跟著大人一起
逃跑。難以逃跑時，也可
以先把隨身行李丟掉。

災害預防

給家長的叮嚀 （上）（下）教導孩子，發現火災時大喊「失火啦！」以告知周圍的人，再一起疏散逃跑。
如果四周充滿煙霧，請用手摸著牆壁，往出口的方向移動。若身上著火，絕對不要跑，先在地上滾動將火
撲滅。

🐾 打電話叫警察，要撥幾號呢？

警察

撥打110！
看見交通事故時、遇到恐怖的事情時，
趕快撥打110聯繫警察。
和警察通話時，對方問你在哪裡遇到什麼事，
請冷靜沉著的回答。

給家長的叮嚀 向孩子說明，萬一發生被害情形或看見有人被害，請立即報警，有助於防範再次被害。關於性犯罪等事情，請開誠布公的和孩子討論。臺灣設有113全國保護專線，兒童、少年、老人或身心障礙者若受到身心虐待或危險，可隨時求助。

100 打電話叫救護車或消防車，要撥幾號呢？

撥打119！

看見起火、有人受傷或生病倒下，請撥打119。

這個電話可以和「救災救護指揮中心」取得聯繫。

給家長的叮嚀 如果是在收訊位置不佳的地方，而且110和119都無法撥通時，可以選擇撥打112。請注意，如果隨意撥打119，有可能發生占用線路而使真正發生緊急狀況的人無法及時利用。

致讀者

孩子上幼兒園或托兒所時，是由大人來守護的；

然而到了就學的年齡，孩子獨自度過的時間也隨之增加。

父母不可能一輩子都陪在孩子身邊、牽著他們的手，

雖然社區裡有守護孩子的人，也有各式各樣保護兒童安全的措施，

但孩子必須要學會，如何在大人的守護中依循發展階段，

懂得保護自己的人身安全。

如果親子能夠事先學習一些先備知識，

例如該怎麼面對生活中可能發生的傷害、事故、犯罪或災害，

並且一起確認預防的方法，

可以減輕孩子的焦慮感，進而培養出更可靠的「安全能力」。

祝願您的孩子可以過著安全無憂的生活。

「幫幫我！卡片」

「幫幫我！卡片」是讓周圍的人知道孩子遇到緊急情況的卡片。情況危急時，如果孩子無法大聲呼救，或者防身警報器無法作響時，這張卡將會非常有用。請準備一張顏色顯眼的紙，例如黃色，在紙上用大字寫下：「幫幫我！」再用較小的字體寫下：「 現在請保護我。請幫我撥 110 報警。」紙的背面寫下家長的聯絡方式、幼兒園或學校的聯絡方式。請把這張紙裝在小袋子裡讓它堅固耐用一些，並讓孩子隨身攜帶。家長和孩子最好一起模擬如何使用它。

幫幫我！
現在請保護我。
請幫我撥110報警。

安全約定貼紙

孩子生活的家庭、社區、幼兒園或學校，都有一定的安全預防措施需要遵守。除了教導孩子了解這些危險或意涵之外，可以在危險度特別高的場所（如使用水的浴室、使用火的廚房、容易造成跌倒的陽臺窗戶）貼上「安全約定貼紙」。在 3～5 公分的貼紙用麥克筆寫「ｘ」標誌，可以畫上孩子喜歡的角色。和孩子商量出要遵守的約定，把貼紙貼在每天都看得到的地方，執行起來更容易。

親子能不定期利用本書內容進行安全知識測驗，確認孩子能否遵守約定。

家庭安全協議

為了守護孩子的安全，請和孩子一起討論並訂下「家庭安全協議」。與其由家長做出決定並強迫孩子遵守，不如傾聽孩子的想法並共同做出決定。請將這個協議寫下來並張貼在全家人可以看到的地方，例如客廳，耳濡目染之下更容易記住並遵循。此外，隨著時間推移，協議可能會慢慢被淡忘，因此家長必須和孩子時時複習這些協議，確保孩子已養成習慣，例如，第23頁「一回到家該做什麼」，以及第25頁「玩遊戲時的協議」和「每日時間表，包括起床和就寢時間」等等。

作者
宮田美惠子

曾任日本順天堂大學研究員、日本女子大學客座教授，後來擔任NPO法人日本兒童安全教育綜合研究所理事長，以及部會委員會的委員或主席等職務。研究領域為安全教育、學校安全、學校衛生保健、婦幼健康等，擁有醫學領域的博士學位。在大學院校中教授「學校安全」科目，在「CLOSE-UP 現代＋」（日本NHK綜合臺）和「危機管理」（NHK E 電視）等媒體節目中解說的主題包括：兒童被害事件、事故分析、幼兒園和學校之安全管理、身障兒童安全教育、零歲起的安全教育等。

繪圖
伊藤倉鼠

多摩美術大學油畫系畢業，插畫家。畫風幽默，繪有《兒童六法》、《遺憾的進化》、《源氏物語解剖圖鑑》（以上暫譯）等書。

翻譯
林劭貞

兒童文學工作者，從事翻譯與教學研究。喜歡文字，貪戀圖像，人生目標是玩遍各種形式的圖文創作。翻譯作品有《每顆星星都有故事：看漫畫星座神話，學天文觀星祕技》、《小朋友的廚房：一起動手做家庭料理》、《你的一天，足以改變世界》等；插畫作品有《魔法二分之一》、《魔法湖畔》和《天鵝的翅膀：楊喚的寫作故事》（以上皆由小熊出版）。

參考文獻

『うちの子、安全だいじょうぶ？ 新しい防犯教育』宮田美惠子著（新読書社）、『学校安全のリデザイン—災害、事件、事故から子どもたちを守るために』宮田美惠子著（学事出版）、『改訂版　子どもの病気・けが救急＆ケア BOOK』秋山千枝子監修（世界文化社）、『新装版　親子で学ぶ防災教室　身の守りかたがわかる本』今泉マユ子著（理論社）、『保育・教育施設における事故予防の実践　事故データベースを活かした環境改善』西田佳史・山中龍宏編著（中央法規出版）

閱讀與探索
100 招自我保護的安全知識繪本
作者：宮田美惠子 ｜ 繪圖：伊藤倉鼠 ｜ 翻譯：林劭貞

總編輯：鄭如瑤｜主編：陳玉娥｜編輯：劉瑋｜美術編輯：劉雅文｜行銷副理：塗幸儀｜行銷企畫：許博雅

出版：小熊出版／遠足文化事業股份有限公司
發行：遠足文化事業股份有限公司（讀書共和國出版集團）
地址：231 新北市新店區民權路108-3 號6 樓
電話：02-22181417｜傳真：02-86672166
劃撥帳號：19504465｜戶名：遠足文化事業股份有限公司
Facebook：小熊出版｜E-mail：littlebear@bookrep.com.tw

讀書共和國出版集團網路書店：www.bookrep.com.tw
客服專線：0800-221029｜客服信箱：service@bookrep.com.tw
團體訂購請洽業務部：02-22181417 分機1124
法律顧問：華洋法律事務所／蘇文生律師｜印製：凱林彩印股份有限公司
初版一刷：2024 年2 月｜定價：370 元
ISBN：978-626-7361-85-6（紙本書）
　　　 978-626-7361-83-2（EPUB）
　　　 978-626-7361-82-5（PDF）
書號：0BNP1067

小熊出版官方網頁　小熊出版讀者回函

QUIZE DE TANOSHIMU ANZENEHON written by Mieko Miyata, illustrated by Hamster Ito
Text Copyright © Mieko Miyata, 2023
Illustration Copyright © Hamster Ito, 2023
All rights reserved.
First published in Japan by Gentosha Publishing Inc.
This Complex Chinese edition is published by arrangement with Gentosha Publishing Inc., Tokyo c/o Tuttle-Mori Agency, Inc., Tokyo through Future View Technology Ltd., Taipei.

國家圖書館出版品預行編目（CIP）資料

100 招自我保護的安全知識繪本／宮田美惠子著；伊藤倉鼠繪；林劭貞翻譯. -- 初版. -- 新北市：小熊出版：遠足文化事業股份有限公司發行，2024.02
76 面；21×23.7 公分. --（閱讀與探索）
ISBN 978-626-7361-85-6（精裝）

1.CST：安全教育　2.CST：繪本

528.38　　　　　　　　　　　　　　　112021024